DE LA LIBERTÉ DE LA PRESSE,

DU MOYEN LE PLUS SUR D'EN ARRÊTER L'ABUS, DE L'AMOINDRIR DU MOINS, DE LA RENDRE UTILE AUX LETTRES, AUX MŒURS, LUCRATIVE AU GOUVERNEMENT ET HONORABLE POUR LES AUTEURS ET LEUR FAMILLE;

PAR M. LE BARON

D'ICHER-VILLEFORT.

« Inclinez mon cœur vers vos préceptes, et
« détournez-le de la cupidité. »
Ps. 118, 3e *div. trad. de Lah.*

PARIS,

DE L'IMPRIMERIE DE J. G. DENTU,

Rue du Pont de Lodi, n° 3, près le Pont-Neuf.

1814.

DE LA

LIBERTÉ DE LA PRESSE.

« Inclinez mon cœur vers vos préceptes, et
« détournez-le de la cupidité. »

Ps. 118, 3e div. trad. de Lah.

Les paroles du roi-prophète, que j'ai placées en épigraphe, sont remplies de l'esprit qui doit animer tout législateur, tout pasteur de ses semblables; elles consacrent le devoir le plus essentiel, puisqu'en lui seul on retrouve tous les autres :

Inclinez les cœurs vers les divins préceptes, et détournez-les de la cupidité.

On ne saurait assez réfléchir au sens profond renfermé dans la prière de David; on ne saurait suivre assez la ramification d'idées dont elle est la tige.... Je trouve en elle tout l'art de régir les peuples ; et j'y reconnais que dans ce moment de régénération on ne saurait trop les méditer, sur-tout à l'instant de statuer sur la liberté de la presse. Avant d'en hâter le décret, il fallait attendre le calme inappréciable qui succède toujours à la tourmente de la discussion. Les réflexions du sang froid et du temps sont ordinairement les plus sages.

Je ne puis comprendre comment, en France, on peut encore tenir *à la liberté de la presse,* qui nous a fait plus de mal que tous les fléaux ensemble, parce que celui qu'elle a fait existe au fond des cœurs, dans le sein des familles ; car qu'on ne pense pas que les plus grands ravages du torrent révolutionnaire soient les plus apparens. Oui, c'est l'abus de cette liberté qui engendra le *monstre tricolor,* si fameux par ses têtes innombrables, enivrées de fureur et d'orgueil, et qui se firent un jeu affreux de la bonne foi des ames simples, de la sensibilité des cœurs honnêtes, de l'imagination des esprits faciles, des vertus des gens crédules, de l'honneur et de la religion, de la morale et des lois, des peuples et des rois, des prêtres et de Dieu.

Rien ne fut sacré, tout fut profané, et la

calomnie, la discorde et la terreur asservirent la France, presque l'Europe entière, à leurs serpens les plus venimeux, à leurs torches les plus incendiaires, à leurs poignards les plus acérés, à leur génie le plus infernal.

Quoi! l'expérience de nos dissentions, de nos malheurs serait-elle infructueuse pour notre repos, notre bonheur? Ne nous rendra-t-elle pas plus prudens, plus sensés, plus sages, avares du sang des hommes? N'écouterons-nous jamais que l'égoïsme, que la vanité, l'orgueil qui cherchent toujours à subordonner les lois qu'on fait pour vingt-cinq millions d'hommes, aux erreurs, aux caprices, aux goûts, à l'ambition, à la cupidité de quelques *sectaires*, de quelques *déclamateurs*, d'un grand nombre d'écrivains qui modulent leurs pensées au gré des passions qui les animent et de l'opinion philosophique qui les inspire et les égare?

Qu'importe au peuple que *la liberté de la presse existe?* C'est du pain qu'il lui faut et non des livres. *La liberté de la presse* engendre la guerre civile, tandis que l'abondance entretient la paix. Qu'importe *la liberté de la presse* à celui qui veut respecter les lois de l'état et de l'église? Il faut que le trône et l'autel le soient en tous lieux, sinon point de concorde nulle part. Il est, au contraire, essentiel au peuple que *cette liberté* n'existe pas, et qu'on n'écrive que pour instruire ; car la plupart de tous les livres ne font qu'entretenir l'immoralité du siècle, et heureux l'état où ils ne l'augmentent point !

Oui, il importe au peuple qu'il ne paraisse pas de ces volumes malfaisans qui rendent le temple du Seigneur désert, où le peuple trouve l'oubli de ses peines et la force de supporter gaîment sa déplorable condition . . . . ; de ces livres exécrables où l'auteur ne respecte et ne sert que l'amour-propre, que le mauvais génie qui l'anime ; de ces livres qui peuplent les lieux de prostitution, de corruption, qui sont cause des mortelles alarmes qui agitent jusqu'à l'artisan dans son travail, jusqu'au cultivateur dans ses labours ; car tandis qu'il ensemence ses pénibles sillons, n'est-il pas affligeant, cruel, affreux qu'il puisse craindre que le libertinage n'abuse ou de sa femme ou de sa fille ?...

La liberté de la presse ne tend qu'à corrompre ou diviser, qu'à satisfaire la haine, la jalousie, l'envie, la vengeance ; en un mot, qu'à préparer, qu'à amener des révolutions. On ne saurait me prouver le bien que peut faire sa liberté.... N'est-elle pas toujours libre, je le répète, pour tout ce qui n'est point contre l'honneur des gens, les droits du souverain ? N'est-elle pas toujours libre de servir la morale, les bonnes mœurs, la religion, sans laquelle il n'est point de bonheur public ? Eh ! pourquoi vouloir des changemens quand ce qui existe est selon la justice ? par ce qu'il y a des abus ? Et peut-il ne pas y en avoir ? Le premier des soins, le premier des devoirs, c'est d'éviter une révolution.... L'ouvrage du temps, en fait de lois, est préférable à celui des hommes novateurs ; mais quand il s'agit de clore pour ainsi dire une révolution, il faut se conduire avec la sagesse que l'expérience a donnée, afin de sortir de cet état dangereux le plus tôt possible, et ne jamais perdre de vue tout ce qui pourrait nous faire retomber dans l'enfer de la politique.

Dira-t-on que *la liberté de la presse* sert à contenir l'autorité dans les bornes des lois ?

Hélas ! elle ne tend qu'à la faire mépriser.

L'autorité est paternelle ou tyrannique.

Si elle est paternelle, à quoi sert *la liberté de la presse ?* à faire assassiner un Trajan, un Marc-Aurèle, un Titus ; et pour exprimer plus de vertus que ces grands noms ensemble, il nous eût suffi de dire un Louis XVI, auquel *la liberté de la presse* a coûté la vie; et à la France.... Je m'arrête; mais quel est le Français qui ne m'entend pas?

Non, il n'est pas si aisé d'excuser un parricide que de le commettre, disait Papinien en parlant du crime de Caracalla.

Si l'autorité est tyrannique, *la liberté de la presse* est proscrite par la lâcheté de ceux même qui l'avaient demandée. Quoi! n'a-t-on pas vu les plus grands talens s'abaisser jusqu'à ramper aux pieds des plus vils usurpateurs? jusqu'à brûler même, nonobstant la fange sanglante de leurs traces, un encens impur, criminel, révoltant pour les aveugler davantage sur leur règne odieux?

« L'opinion publique, a dit un trop cou-« pable ministre (1), parle quelquefois long-« temps avant que les princes entendent sa « voix; elle règne sur leur empire avant « qu'ils le sachent; elle erre autour de leurs « palais sans qu'ils l'aperçoivent encore; « elle voudrait pénétrer dans l'intérieur de « leurs appartemens; mais elle n'a pas ses « entrées. Toutes les vanités, tous les périls, « tous les vices ont le pas sur elle; les vieux

(1) *De l'imp. des opin. relig.*, p. 216.

« habitués de la cour lui demandent volon-
« tiers ce qu'elle y vient faire, et les petits
« poursuivans du crédit ou de la faveur s'a-
« musent à la ridiculiser. Les ministres qui
« la voient sur leurs traces à la ville, et qui
« en sont souvent importunés, la desser-
« vent auprès de leur maître; *et quand le*
« *bruit qu'elle fait arrive jusqu'à lui,* on trouve
« encore le moyen d'en affaiblir l'impres-
« sion, en attribuant ce mouvement à des
« passions particulières, et en donnant le
« nom de cabale à l'indignation contre le
« vice. Oui, tel est le malheureux sort des
« princes, que le bonheur de l'Etat est sou-
« vent ébranlé avant que l'opinion publique
« prenne sa place auprès d'eux et leur mon-
« tre la vérité. »

Voilà, Français, ce que *la liberté de la presse* ne saura jamais empêcher. Quelle folie de ne pas vouloir supporter l'homme tel qu'il est! Dieu l'avait-il créé pour lui désobéir? Si Dieu l'a puni sans le changer, pouvons-nous espérer de le changer en tolérant, satisfaisant tous les caprices de son esprit passionné?.... Il est des abus inséparables de la nature humaine; mais le plus étrange, c'est de vouloir les tous corriger à coups de plume, à coups de presse.

On use de *la liberté de la presse* pour se venger de la préférence qu'aura donné un ministre dans un emploi important à un autre que soi. On devient calomniateur, on adresse l'atrocité de ses calomnies au souverain lui-même ; on les colore des espérances de la vérité ; et si par des discours perfides, spécieux et répétés, des raisonnemens remplis d'adresse et d'impudence, on parvient à disgracier un Sully, quel tort *la liberté de la presse* n'aura-t-elle pas fait à l'Etat, et comment sera-t-elle jamais à même de le réparer ? . . . . Oh ! je m'écrierai ici, avec Solon parlant à Esope, qui voulait que si on approchait des rois, que ce ne fût que pour leur dire des choses agréables, *qu'il ne faut leur rien dire, ou leur dire de bonnes choses....*

C'est la manie de montrer de l'*esprit*, de passer pour auteur, c'est le désir cupide de vendre ses pensées qui a fait demander en tout temps *la liberté de la presse.* Ce n'est pas l'*esprit* qui est utile aux nations, c'est le bon sens, le génie, la vertu. L'*esprit* est l'assidu courtisan de l'amour-propre ; c'est lui qui l'égare et l'accroit, parce qu'il sourit toujours aux passions. Ah ! il est bien rare qu'il ne soit pas passionné ! C'est lui qui nous aveugle et qui souvent nous fait passer pour fou. C'est *esprit* a seul besoin de *la liberté de la presse.* Le génie n'a besoin que de lui seul ; il n'a qu'à se montrer pour qu'aussitôt la gloire, les éclatans succès accompagnent ses pas, assurent son triomphe et son immortalité. La vertu n'a pas besoin non plus de *la liberté de la presse* pour multiplier ses bienfaits, ses vivifians préceptes, ses actions charitables, ses actes d'héroïsme ; au contraire, c'est par *la liberté de la presse* qu'on détruit le bien qu'elle fait, qu'on s'efforce de l'outrager, de l'avilir, de la faire méconnaître, qu'on devient sectaire.... C'est par *la liberté de la presse* que les productions même du génie sont arrêtées dans leur succès, et qu'on leur prépare, au lieu d'un triomphe mérité, une chute abominable, aussi surprenante qu'elle est condamnable, qu'est grande l'inconséquence humaine, aussi versatile que méprisable.

Le bien ne s'opère jamais que dans le calme des passions, et *la liberté de la presse* ne tend qu'à les réveiller, qu'à favoriser les romanciers, les libellistes, tous ceux en un mot qui, sans excuse ni raison valable, sont tourmentés du démon de la presse.

Le désir de paraître habile empêche souvent de le devenir.

Pour qu'un gouvernement soit bon, qu'une loi soit sage, il faut qu'elle maintienne l'homme dans le bien, qu'elle le lui rende facile, et qu'elle l'entrave dans le mal, qu'elle l'en éloigne et le rende en horreur.

Ah! que les fables des impies sont différentes de votre loi, ô mon Dieu!

Mais puisqu'on tient tant *à la liberté de la presse*, je ne la conçois possible qu'en la permettant sous les conditions que je vais dire :

La liberté de la presse doit être en accord avec toute espèce de *liberté* inhérente à l'homme, qui ne jouit d'*aucune* sans qu'il n'éprouve quelque chose de restrictif, sans qu'il ne soit sujet à quelque contradiction, qu'il ne trouve des obstacles.

En toutes choses les lois doivent être conséquentes, judicieuses, précises, basées sur les mêmes principes d'équité, de sagesse, et conçues d'après les lumières de la raison qui rapprochent le plus l'homme de son divin auteur.

Il n'est qu'une manière utile et politique d'établir *la liberté de la presse :* c'est de permettre de tout imprimer, pourvu que ce soit aux frais de l'auteur, qu'au nombre de deux cents exemplaires, *et qu'il donnera ;* car je trouve presque aussi susceptible de blâme de vendre son esprit, qu'il est méprisable au sexe de mettre un vil prix à son amour, à ses faveurs....

Il faudrait ne pas connaître le caractère français, si on ne croyait pas que, par ce moyen, les livres qui auraient été imprimés, quoique dépourvus de talens ou de vertus, et souvent de l'un et de l'autre, ne fussent point d'un effet nul dans la société. Je doute même que l'auteur, une fois qu'une opinion raisonnable se serait établie, et qui ne tarderait pas à l'être sur ce ridicule de distribuer des platitudes ou des méchancetés, pût achever de placer ses deux cents exemplaires ; soit qu'il ne trouvât pas deux cents personnes qui voulussent se donner le tort de lire son ouvrage, soit qu'il commençât à rougir de lui-même. Et si elles le lisaient, combien en compterait-on de l'avis de l'auteur? O bien peu! D'ailleurs, il n'est point de *virus* qui à la longue ne s'atténue à force de se communiquer. Le gouvernement aurait pour lui la censure des journalistes, qui sont et doivent être à sa disposition, à ses ordres, comme tous les autres individus auxquels il a donné des places. Et ces mêmes journalistes finiraient, quelle que fût leur opinion, par faire une telle justice des diatribes, des sottises, des pamphlets, des impiétés, des calomnies, des médisances, des perfidies qu'on ne tarderait pas à voir établir le désirable usage de ne faire imprimer que des bons livres. Par-là, on rendrait à la littérature la dignité quelle a perdu; disons mieux, on lui en donnerait une qu'elle n'a jamais eu; et dès-lors le nom d'auteur ne serait plus entaché d'anecdotes, de souvenirs déshonorans, ni ne rappelerait plus le trafic honteux des écrivains mercenaires dont la plume vénale a ruiné tant de libraires. Par le moyen que je propose, les bons livres cesseraient d'être encombrés, pour ainsi dire, dans les boutiques des libraires par les écrits de cette *fourmilière* d'auteurs qui, en Europe, ont plus en vue l'argent du public que le bien de l'Etat. Ah! qu'il en est qui ne composent que pour escroquer, en quelque sorte, la somme dont ils ont besoin? On n'aurait plus à rougir d'avoir laissé imprimer des choses qui, par une trop célèbre inconséquence, respirent indifféremment la critique ou la louange, ou sont tour-à-tour *et laurier et cyprès*..... On n'aurait plus la douleur de voir déprimer les passages les plus dignes de l'estime et de la vénération des hommes. Alors on n'écrirait que pour être utile, ou que *forcément,* et plus pour s'enrichir ; mais seulement pour acquérir de la gloire, les honneurs typographiques, de la reconnaissance de la patrie et du roi.

Pour lors, on ne verrait plus dans les livres la même pensée ramenée sous tant de formes différentes ; on n'en ferait plus, si je puis le dire, une sorte de protées, de caméléons pour abuser de l'ignorance ou de la complaisance des lecteurs ; on serait plus attentif à rejeter les ennuyeux pléonasmes que les règles prescrivent autant que le bon goût ; nous lirions plus d'idées et moins de mots ; on ne spéculerait plus sur le nombre des feuilles, mais on ambitionnerait d'obtenir le nombre le plus honorable d'exemplaires que le gouvernement accorderait aux auteurs les plus transcendans. Toutes les idées se ralieraient au *titre* du *livre*, on ne chercherait plus qu'à le justifier, développer, agrandir... Et tant d'ouvrages en trois, quatre, cinq volumes qu'on n'achève pas, seraient réduits en un, qu'on dévorerait.

« Le secret d'ennuyer est celui de tout dire. »

Ce genre de *liberté de la presse* répandrait sur les lettres les plus heureuses influences ; oui, on finirait par ne plus s'écarter de son sujet ; la vérité ne serait plus si outragée, si méconnue ; la bonne foi dans les écrits reviendrait ; on s'enorgueillirait davantage, et avec raison, du titre d'auteur, qui est aujourd'hui plus un ridicule qu'un honneur. On serait concis dans son style ; plus fort dans ses raisonnemens, plus fondé dans ses motifs, dans ses droits à fixer l'attention publique par la voie de l'impression. En un mot, on n'aurait plus tant d'occasions d'appliquer, moralement parlant, ces expressions techniques, mais employées dans un sens figuré, que

Quand la presse gémit, toujours le tympan souffre.

Nous observera-t-on qu'on peut être très-riche en connaissances, en esprit, en génie, quoique très-pauvre d'argent? C'est très-prouvé. Qu'alors le public serait privé d'un chef-d'œuvre, parce que l'auteur n'aurait pas de quoi le faire paraître ?

Nous dirons d'abord que si l'ouvrage était mauvais, dangereux, que ce serait une sorte de bonheur public que l'auteur n'eût pas de quoi le faire imprimer ; et que si, au contraire, c'était un bon livre, qui est le plus excellent présent qu'on puisse faire à son pays, il aurait la ressource de l'envoyer au gouvernement, qui serait trop intéressé à le faire connaître, à en multiplier les exemplaires, pour le laisser dans l'oubli. Et l'auteur en retirerait les mêmes avantages que s'il avait eu la somme nécessaire pour le faire imprimer, puisqu'il recevrait de son roi les récompenses qui seraient établies pour honorer les talens, le génie, selon le degré de gloire où tel livre l'aurait élevé.

Il serait défendu à l'auteur, à l'imprimeur, sous peine de prison perpétuelle, d'en tirer plus de deux cents exemplaires. Le premier serait pour le gouvernement, qui aurait tant de moyens, s'il trouvait l'ouvrage dangereux, pour en annuler l'effet ou en empêcher le débit, sans que l'auteur eût droit de se plaindre qu'on attente à ses droits, puisqu'on n'emploierait contre lui aucune voix de rigueur; rien que les mesures de la prudence et du devoir... Il est aisé de juger que cette *liberté de la presse* serait absolument sans danger, quoique entière.

Je me répète, mais c'est nécessaire; si au contraire le gouvernement trouvait l'ouvrage de nature à être conservé, répandu, que le jugement du public lui eût été très-favorable, il en ferait faire des éditions proportionnées au genre de l'ouvrage et à son mérite; il les donnerait à vendre aux libraires, ou bien il les leur vendrait, et le commerce de la librairie n'en irait pas moins bien, avec la différence qu'une cupidité odieuse ne pourrait plus prostituer le génie ni le souiller ; et dès-lors plus de procès entre les libraires, les imprimeurs et les auteurs.

Il faut observer encore que les mêmes inspecteurs qui veilleraient à ce qu'on ne tirât que le nombre d'exemplaires convenus, surveilleraient aussi les éditions du gouvernement; et suivant le degré d'estime, de sublimité que mériterait l'ouvrage, le roi réglerait envers son auteur ses bienfaits, *les honneurs typographiques*..... Je me résume donc à dire, en finissant, que ce serait honorable pour l'auteur, pour sa famille, utile à l'Etat, et très-avantageux pour le gouvernement.

FIN.

www.ingramcontent.com/pod-product-compliance
Ingram Content Group UK Ltd.
Pitfield, Milton Keynes, MK11 3LW, UK
UKHW020456220726
13923UKWH00006B/2586